あみぐるみ

著 🐾 寺西 恵里子
Eriko Teranishi

ねこあつめで あみぐるみ
CONTENTS

🐾 しろねこさん

P.4

🐾 まんぞくさん

P.6

🐾 きじとらさん

P.7

🐾 ぷりんすさん

P.8

🐾 みかづきさん

P.9

🐾 ぽいんとさん

P.10

🐾 ぶちさん

P.11

🐾 くろねこさん

P.11

🐾 きっどさん

P.12

🐾 せばすさん

P.13

🐾 さふぁいあさん

P.13

🐾 くつしたさん

P.14

🐾 はちわれさん

P.15

🐾 とらぽいんとさん

P.16

🐾 くりーむさん

P.16

🐾 しまぽいんとさん

P.17

🐾 はいいろさん

P.17

🐾 びすとろさん

P.18

🐾 ちょこさん

P.19

🐾 こいこいさん

P.20

🐾 さばとらさん

P.21

🐾 ねこまたさん

P.21

🐾 おっどさん

P.22

🐾 くりーむとらさん

P.23

🐾 あかげさん

P.23

🐾 とびみけさん

P.24

🐾 ちゃとらさん

P.24

🐾 ゆきねこさん

P.25

🐾 作品の作り方 P.26

しろねこさん

真っ白でかわいいしろねこさん。
毛糸の優しさがぴったり…
一針一針ていねいに編みましょう。

お徳用かりかり

ゴムボール（赤）

作り方 しろねこさん❀P.37　お徳用かりかり❀P.66　ゴムボール❀P.67

いつでも…
どこでも…

作ったら飾りましょう。
しろねこさんが…
そっと見守ってくれます。

まんぞくさん

ちょっと大きなまんぞくさん。
ふっくらしたおなかもかわいい！
ふんわり編んであげましょう。

くりーむさん

作り方 まんぞくさん P.46

はいいろさん

高級かりかり

きじとらさん

茶色に黒いしま模様のきじとらさん。
ポーズがかわいいので
組み合わせの縫いつけがポイントです。

作り方 きじとらさん❀P.42　高級かりかり❀P.66

🐾 ぷりんすさん

とっても豪華なぷりんすさん。
王冠とまとった布がゴージャス！
できたら、窓辺に飾っても…。

作り方 ぷりんすさん🐾P.49

みかづきさん

魔法使いスタイルのみかづきさん。
帽子とマントがポイント！
小さくても形はしっかり編みましょう。

作り方 みかづきさん P.52

ぽいんとさん

口のまわりがかわいいポイントさん。
白とグレーで編んで組み合わせます。
色が違うので縫い合わせをていねいに…。

クッション（ピンク）

作り方 ぽいんとさん P.38　クッション P.68

🐾 ぶちさん

模様がかわいいぶちさん。
模様を縫いつけるときは表面が
フラットになるように心がけましょう。

🐾 くろねこさん

真っ黒がかわいいくろねこさん。
きままなのらねこなので、
どこに置いても似合います。

クッション（グリーン）

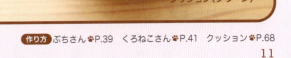

作り方 ぶちさん🐾P.39　くろねこさん🐾P.41　クッション🐾P.68

🐾 きっどさん

カウボーイスタイルがかっこいいきっどさん。
ウエスタンハットがポイント！
つばをしっかり編んで、形作りましょう。

作り方 きっどさん🐾P.54

🐾 せばすさん

執事としてかっこいいせばすさん。
服装も顔もちょっと違うのが魅力！
さふぁいあさんとセットで作りましょう。

🐾 さふぁいあさん

素敵なドレスのさふぁいあさん。
帽子にドレスにバッグ、パーツが多いので
1つずつていねいに編みましょう。

作り方 せばすさん🐾P.59　さふぁいあさん🐾P.56

くつしたさん

靴下柄がかわいいくつしたさん。
足先を切り替えて編むので
編み目を揃えて編みましょう。

作り方 くつしたさん P.37

🐾 はちわれさん

顔のはちわれがかわいいはちわれさん。
手足をしまったお座りポーズ。
顔の色の切り替えは慎重に。

くろいねこ大集合！

作り方 はちわれさん 🐾 P.45

とらぽいんとさん

伏せポーズもかわいいとらぽいんとさん。
きのこクッションが今日のお気に入り。
いっしょに編んであげましょう。

きのこクッション（赤）

くりーむさん

かわいい色が人気のくりーむさん。
小さなハート形の模様も
しっかり編んであげましょう。

作り方 とらぽいんとさん❀P.41　きのこクッション❀P.69　くりーむさん❀P.26

🐾 しまぽいんとさん

模様も色もかわいいしまぽいんとさん。
パーツの組み合わせはもちろん
しま模様の刺しゅうもていねいに！

🐾 はいいろさん

グレー1色がかわいいはいいろさん。
黄色のボールが似合います。
セットで飾るのもいいですね。

ゴムボール（黄）

作り方 しまぽいんとさん🐾P.38　はいいろさん🐾P.40　ゴムボール🐾P.67

かわいい姿で人気のびすとろさん。
模様のあるボディにコックさんスタイル。
ゆっくりていねいに編みましょう！

ちゃとらさん

ピザ

作り方 びすとろさん🐾P.62　ピザ🐾P.67

くろねこさん

ケーキクッション

ちょこさん

チョコレート色がかわいいちょこさん。
おしりを上げたポーズもかわいいですね。
パーツをきちっとつなげると
きれいな仕上がりに…。

作り方 ちょこさん P.42　ケーキクッション P.68

こいこいさん

ご利益のありそうなこいこいさん。
右手上げポーズがポイント！
顔の模様は小さいのでていねいに…。

作り方 こいこいさん P.64

さばとらさん

お昼寝ポーズがかわいいさばとらさん。
ボディの上に顔をのせています。
座布団とセットで作ってあげましょう。

お座布団（紫）

ちりめん座布団

ねこまたさん

しっぽがふたまたになっているねこまたさん。
顔とボディの毛がかわいい！
細かいところもしっかり編みましょう。

作り方　さばとらさん🐾P.45　お座布団🐾P.70　ねこまたさん🐾P.48　ちりめん座布団🐾P.70

おっどさん

左右の目の色が違ってかわいいおっどさん。
しっぽの先が白いのもポイント！
どこに飾ってもかわいいですね。

作り方 おっどさん P.43

🐾 くりーむとらさん

色も模様もかわいいくりーむとらさん。
黄色いクッションの上でお昼寝中。
編んで、飾っていやされます。

クッション（イエロー）

🐾 あかげさん

赤毛がかわいいあかげさん。
手足耳、口のまわりの白の
縫いつけをきれいに仕上げましょう。

毛糸玉

作り方 くりーむとらさん🐾P.43
クッション🐾P.68
あかげさん🐾P.34
毛糸玉🐾P.71

🐾 とびみけさん

三毛模様がかわいいとびみけさん。
ひなたぼっこが似合います。
模様の位置に気をつけて作りましょう。

ねこじゃらし

🐾 ちゃとらさん

かわいい立ちポーズのちゃとらさん。
足の綿をしっかりつめるのがポイント！
バランスを見ながら作りましょう。

作り方 とびみけさん🐾P.44
ねこじゃらし🐾P.71
ちゃとらさん🐾P.40

ゆきねこさん

まあるい形がかわいいゆきねこさん。
パーツが少ないので簡単です。
しらゆき座布団も作ってあげましょう。

しらゆき座布団

作り方 ゆきねこさん🐾P.53　しらゆき座布団🐾P.70

P.16 くりーむさんを作りましょう！

材料

毛糸[ハマナカ アメリー]：
クリーム(2)…15g
薄茶(49)…3g
黒(24)…少々

化繊綿：適量

用具

針：
かぎ針…6/0号
とじ針

頭を作ります　※くりーむさんの編み図はP.33

1 作り目をします

くさり編みの作り目：❶▶❹ 　　　　　　　　　　　　　　くさり編みの作り目

❶ 指でわを作ります。

❷ わの中に指を入れ、糸を引き出します。

❸ ❷の引き出したわに針を入れます。

❹ 糸を引き締めます。

くさり編み：❺▶❻ 　　　　　　くさり編み

❺ 針に糸をかけます。

❻ 糸を引き抜きます。（くさり編みが1目編めました）

❼ ❺・❻をさらに2回くり返します。（くさり編みの作り目が3目編めました）

2 1段めを編みます

❶ くさり編みを1目編みます。（立ち目です）

細編み：❷▶❻ 　　　　　　　　　　　　　　　　　　　　　　細編み

❷ 2目前の目に針を入れます。

❸ 針に糸をかけます。

❹ 糸を引き出します。

❺ もう一度針に糸をかけます。

❻ 針にかかった2本を引き抜きます。（細編みが1目できました）

細編み3目編み入れる：❽▶❿ 　　　　　細編み3目編み入れる

❼ 次の目に細編みを編みます。

❽ 次の目に細編みを編みます。

❾ もう一度同じ目に細編みを編みます。

❿ さらに、同じ目に細編みを編みます。（細編み3目編み入れるが編めました）

⓫ 次の目に細編みを編みます。

27

細編み2目編み入れる： ▶ 　　　　引き抜き編み：

⑫ 次の目に細編みを編みます。

⑬ もう一度同じ目に細編みを編みます。
（細編み2目編み入れるが編めました）

⑭ はじめの細編みの目に針を入れます。

⑮ 針に糸をかけます。

⑯ 一度に引き抜きます。
（引き抜き編みが編めました）

3 2段めを編みます

⑰ 1段めが編めました。

① くさり編みを1目編みます。（立ち目です）

② 次の目に細編み2目編み入れるを編みます。

③ 次の目に細編みを編みます。

4 3〜5段めを編みます

④ 細編み2目編み入れると細編みを、編み図のとおりに編みます。

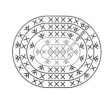
⑤ 1段編み、はじめの細編みの目に針を入れ、引き抜き編みをします。

① 編み図のとおりに3段めを編みます。

② 編み図のとおりに5段めまで編みます。

5 6〜9段めを編みます

増減なしで、細編みで9段めまで編みます。

6 10段めを編みます

細編み2目一度：

① くさり編みを1目編みます。（立ち目です）

② 次の目に針を入れます。

細編み2目一度

③
糸をかけ、引き出します。

④
次の目に針を入れます。

⑤
糸をかけ、引き出します。

⑥
糸をかけ、一度に引き抜きます。
（細編み2目一度が編めました）

⑦
細編みと細編み2目一度を編み図のとおりにくり返し、1段編みます。

7 12段めまで編みます

①
編み図のとおりに12段めまで編みます。

②
糸を20cmくらい残して切り、針を引っぱって糸端を引き抜きます。
（編み終わりです）

③
頭ができました。

🐾 ボディを作ります

1 わの作り目をし、立ち目を編みます

わの作り目：①▶③　　　　　　わの作り目

①
指に糸を2回巻き、わを作ります。

②
わの根元を持ち、わの中に針を入れ、糸をかけます。

③
糸を引き出します。
（わの作り目ができました）

④
くさり編みを1目編みます。（立ち目です）

2 1段めを編みます

①
わの中に針を入れ、細編みを編みます。

②
細編みをさらに5目（計6目）編みます。

③
わを作った糸を引き締めます。

④
はじめに作った細編みの目（★）に針を入れます。

⑤ 引き抜き編みをします。
（1段めが編めました）

3 4段めまで編みます

編み図のとおりに4段めまで編みます。

4 13段めまで編みます

編み図のとおりに13段めまで編み、ボディができました。

🐾 手を作ります

① 編み図のとおりに6段めまで編みます。

② 7段めを編みます。くさり編み（立ち目）と細編みをします。

中長編み： ❸▶❺ T

③ 針に糸をかけ、次の目に針を入れます。

④ 糸をかけ、引き出します。

中長編み

⑤ 針に糸をかけ、一度に引き抜きます。
（中長編みが1目編めました）

⑥ 編み図のとおりに編み、手ができました。2つ編みます。

🐾 足を作ります

① 編み図のとおりに3段編みます。

② 糸をとじ針につけ、最終段の目をすくい、1周します。

③ 糸を引いてしぼります。

④ 足ができました。2つ編みます。

🐾 耳を作ります

① わの作り目をして1段めを編み、手前に糸を出してわを引きしめます。

② 編み図のとおりに2段めを編み、①の糸をもう一度引っ張り、先をとがらせます。

🐾 しっぽを作ります

色替えのやり方:
②▶④

③
糸をとじ針につけ、先をつぶさないように内側に入れます。

④
耳ができました。2つ編みます。

①
編み図のとおりに、4段めの最後に糸を引き抜く手前まで編みます。

②
糸を針の手前から向こうへかけます。

色替えのやり方

③
別色の糸に持ち替え、針に糸をかけます。

④
最後の引き抜きを編みます。
（色替えができました）

⑤
そのまま続けて編みます。

⑥
11段めまで編み、しっぽができました。

🐾 柄を作ります

①
編み図のとおりに、柄1を編みます。

②
編み図のとおりに、柄2・3を編みます。

パーツが全て編めました!

🐾 ボディに頭をつけます

①
ボディと頭に綿を入れます。糸をとじ針につけ、端の目をすくいます。

②
頭の端の目をすくいます。

③
糸を引き、となりの目をすくいます。

④
③をくり返して1周します。頭がつきました。

🐾 パーツをつけます

①
足をつけます。糸をとじ針につけ、ボディに足の根元を縫いつけます。

② 2段
反対側も同様につけます。（下から見たところです）

③
手をつけます。糸をとじ針につけ、中長編み側が上になるように1周縫いつけます。

④
手の先の内側をボディに縫いつけます。

⑤
反対側も同様につけます。

⑥
柄をつけます。柄1を頭にまち針で仮どめします。

⑦
糸をとじ針につけ、1周縫いつけます。

⑧
柄がつきました。

⑨
柄2も同様にボディに縫いつけます。

⑩
柄3も同様に縫いつけます。

⑪
耳をつけます。糸をとじ針につけ、頭と耳の端を巻きかがるように縫いつけます。

⑫
反対側も同様につけます。

目・鼻・口・×をつけます

①
とじ針に黒糸をつけ、首の下など目立たないところから針を入れます。

②
鼻・口を刺しゅうし、目を刺しゅうします。
※図案はP.78

⑬
しっぽの根元を1周縫いつけます。

③
おしりに×を刺しゅうします。

組み合わせ図

2段 / 2段 / 2目 / 4段

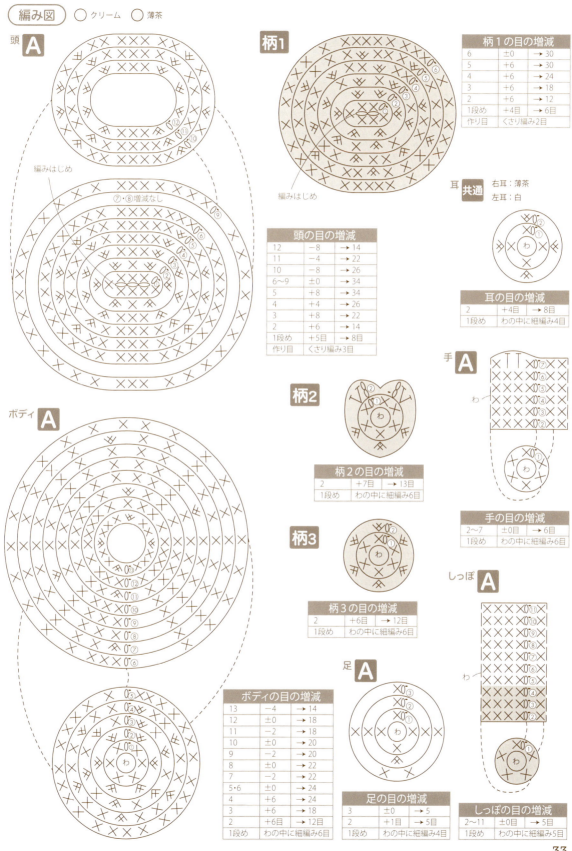

P.23 🐾 あかげさんを作りましょう！

材 料	用 具
毛糸[ハマナカ アメリー]：	針：
茶(50)…13g	かぎ針…6/0号
白(51)…5g	とじ針
黒(24)…少々	
化繊綿：適量	

1 頭を作ります　※あかげさんの編み図はP.36

① 編み図のとおりに12段めまで編み、糸を切ります。

② 糸をとじ針につけ、端の目をすくい、1周します。

③ 綿を入れ、糸を引いてしぼります。

④ 頭ができました。

2 ボディを作ります

① 編み図のとおりに11段めまで編み、糸を切ります。

② 綿を入れ、糸をとじ針につけて端の目を巻きかがるようにとじます。

③ 端までとじます。

④ ボディができました。

3 パーツを作ります

① 編み図のとおりに手を編み、綿を入れます。
※色替えはP.31参照

② 編み図のとおりに足を編み、頭と同様にしぼります。

③ 編み図のとおりに耳を編みます。

④ 編み図のとおりにしっぽを編みます。

⑤

編み図のとおりに口の柄を編みます。

パーツが全て編めました！

4 ボディに頭をつけます

①

ボディと頭を合わせ、まち針で仮どめします。

②

糸をとじ針につけ、頭を1針縫います。

③

ボディを1針縫います。

④

②、③をくり返して1周します。

5 パーツをつけます

①

手をつけます。糸をとじ針につけ、巻きかがりで1周縫いつけます。

②

手がつきました。

③

とじ針に別糸をつけ、手の先同士を縫い合わせます。（下から見たところです）

④

足をつけます。糸をとじ針につけ、足の根元をボディに縫いつけます。

⑤

両足がつきました。（下から見たところです）

⑥

口の柄をつけます。とじ針で1周縫いつけます。

⑦

しっぽをつけます。とじ針でしっぽの根元を1周縫いつけます。

6 目・鼻・口・×をつけます

①

黒糸で鼻・目・口を刺しゅうします。

※目・鼻・口・×の図案はP.78

②

おしりに×を刺しゅうします。

35

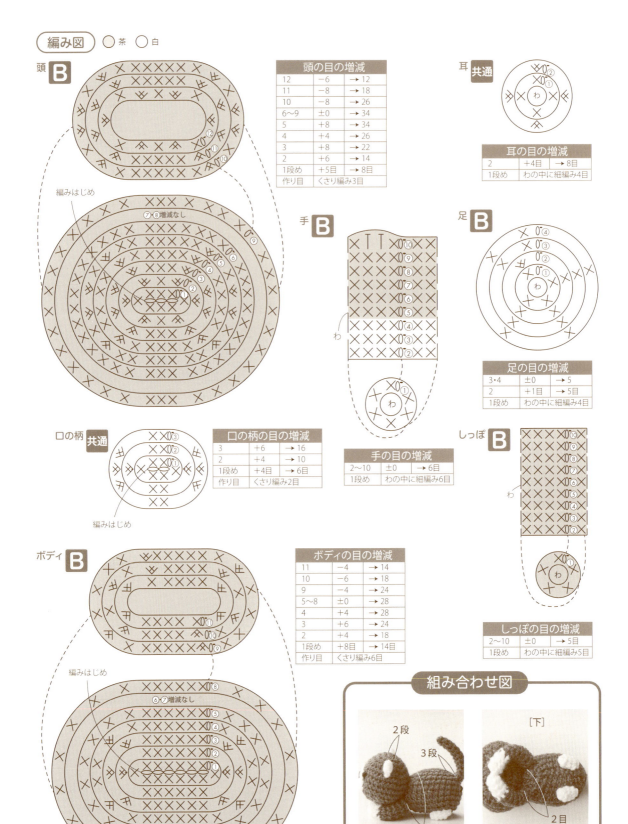

P.4 🐾 しろねこさん

材料　毛糸[ハマナカ アメリー]：
白(51)…15g
黒(24)…少々
化繊綿：適量

用具　針：
かぎ針…6/0号
とじ針

編み図・図案

耳 共通 P.77 (白)
頭 A P.71 (白)
手 A1 P.76 (白)
目・鼻・口 図案 P.78 (黒)
ボディ A P.73 (白)
足 A P.77 (白)

目・鼻・口 共通 刺しゅうのポイント

〈実物大〉

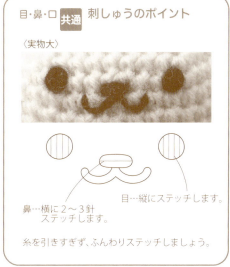

鼻…横に2〜3針ステッチします。
目…縦にステッチします。
糸を引きすぎず、ふんわりステッチしましょう。

しっぽ A1 P.78 (白)
× 図案 P.78 (黒)

P.14 🐾 くつしたさん

材料　毛糸[ハマナカ アメリー]：
黒(24)…13g
白(51)…4g
黄(31)・濃いグレー(30)…各少々
化繊綿：適量

用具　針：
かぎ針…6/0号
とじ針

編み図・図案

耳 共通 P.77 (白)
頭 A P.71 (黒)
手 A2 P.76 (白・黒)
目 図案 P.78 (黄)
鼻・口 図案 P.78 (濃いグレー)
ボディ A P.73 (黒)
足 A P.77 (白)
しっぽ A1 P.78 (白)
× 図案 P.78 (濃いグレー)

37

P.17 🐾 しまぽいんとさん

| 材 料 | 毛糸[ハマナカ アメリー]：
白(51)…13g
グレー(22)…5g
黒(24)…少々
化繊綿：適量 | 用 具 | 針：
かぎ針…6/0号
とじ針 |

編み図・図案

耳 共通 P.77 (グレー)
頭 A P.71 (白)
口の柄 共通 P.77 (グレー)
手 A2 P.76 (グレー・白)

しっぽ A3 P.78 (白・グレー)
× 図案 P.78 (黒)

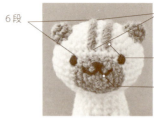

6段
ボディ A P.73 (白)
足 A P.77 (グレー)

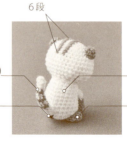

6段　5段
しま模様 サテンステッチ (グレー)
目・鼻・口 図案 P.78 (黒)

P.10 🐾 ぽいんとさん

| 材 料 | 毛糸[ハマナカ アメリー]：
白(51)…11g
グレー(22)…5g
黒(24)…少々
化繊綿：適量 | 用 具 | 針：
かぎ針…6/0号
とじ針 |

編み図・図案

耳 共通 P.77 (グレー)
頭 B P.72 (白)
口の柄 共通 P.77 (グレー)
手 D P.76 (グレー)

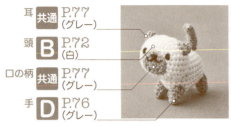

しっぽ B1 P.78 (グレー)
× 図案 P.78 (黒)
ボディ B P.73 (白)
足 C P.77 (グレー)

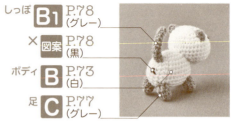

5段　5段
目・鼻・口 図案 P.78 (黒)

P.11 ぶちさん

材料 毛糸[ハマナカ アメリー]：
白(51)…14g
茶(50)…5g
黒(24)…少々
化繊綿：適量

用具 針：
かぎ針…6/0号
とじ針

編み図・図案

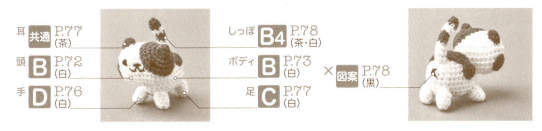

- 耳 共通 P.77 (茶)
- 頭 B P.72 (白)
- 手 D P.76 (白)
- しっぽ B4 P.78 (茶・白)
- ボディ B P.73 (白)
- 足 C P.77 (白)
- ╳ 図案 P.78 (黒)

- 柄1 下図 (茶)
- 柄2 下図 (茶)
- 柄3 下図 (茶)
- 柄3 下図 (茶)
- 目・鼻・口 図案 P.78 (黒)
- 柄3 下図 (茶)
- 5段

編み図

柄1

編みはじめ

柄1の目の増減

5	±0	→24
4	+6	→24
3	+6	→18
2	+6	→12
1段め	+4目	→6目
作り目	くさり編み2目	

柄2

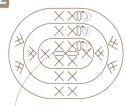

編みはじめ

柄2の目の増減

3	+4	→12
2	+2	→8
1段め	+4目	→6目
作り目	くさり編み2目	

柄3

柄3の目の増減

2	+6	→12目
1段め	わの中に細編み6目	

柄をつけるポイント

顔の柄は、目鼻がつく位置を確認してからつけましょう。
柄をまち針で仮どめすると、ずれずにきれいに縫えます。

P.17 🐾 はいいろさん

材料　毛糸[ハマナカ アメリー]：
グレー(22)…15g
黒(24)…少々
化繊綿：適量

用具　針：
かぎ針…6/0号
とじ針

編み図・図案

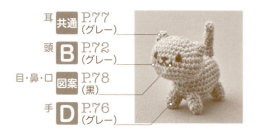

耳 共通 P.77 (グレー)
頭 B P.72 (グレー)
目・鼻・口 図案 P.78 (黒)
手 D P.76 (グレー)

しっぽ B1 P.78 (グレー)
× 図案 P.78 (黒)
ボディ B P.73 (グレー)
足 C P.77 (グレー)

P.24 🐾 ちゃとらさん

材料　毛糸[ハマナカ アメリー]：
薄茶(49)…15g
茶(50)…2g
黒(24)…少々
化繊綿：適量

用具　針：
かぎ針…6/0号
とじ針

編み図・図案

耳 共通 P.77 (薄茶)
頭 B P.72 (薄茶)
手 D P.76 (薄茶)
ボディ B P.73 (薄茶)
しっぽ B5 P.78 (薄茶・茶)
× 図案 P.78 (黒)
足 C P.77 (薄茶)

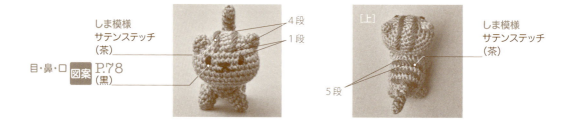

しま模様 サテンステッチ (茶) ─ 4段 / 1段
目・鼻・口 図案 P.78 (黒)
[上]
しま模様 サテンステッチ (茶)
5段

P.11 くろねこさん

材料　毛糸[ハマナカ アメリー]：
黒(24)…15g
黄(31)・濃いグレー(30)…各少々
化繊綿：適量

用具　針：
かぎ針…6/0号
とじ針

編み図・図案

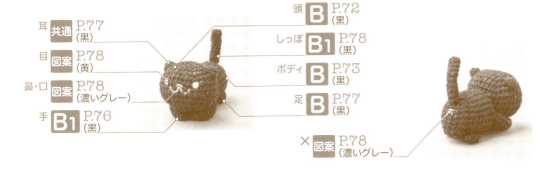

耳　共通　P.77 (黒)
目　図案　P.78 (黄)
鼻・口　図案　P.78 (濃いグレー)
手　B1　P.76 (黒)
頭　B　P.72 (黒)
しっぽ　B1　P.78 (黒)
ボディ　B　P.73 (黒)
足　B　P.77 (黒)
×　図案　P.78 (濃いグレー)

P.16 とらぽいんとさん

材料　毛糸[ハマナカ アメリー]：
白(51)…13g
薄茶(49)…4g
黒(24)…少々
化繊綿：適量

用具　針：
かぎ針…6/0号
とじ針

編み図・図案

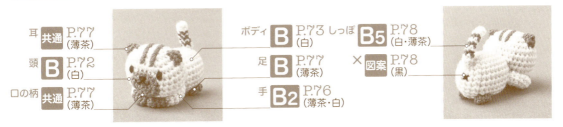

耳　共通　P.77 (薄茶)
頭　B　P.72 (白)
口の柄　共通　P.77 (薄茶)
ボディ　B　P.73 (白)
足　B　P.77 (薄茶)
手　B2　P.76 (薄茶・白)
しっぽ　B5　P.78 (白・薄茶)
×　図案　P.78 (黒)

4段　1段　1段
しま模様　サテンステッチ (薄茶)
目・鼻・口　図案　P.78 (黒)

しま模様 刺しゅうのポイント

斜めに等間隔にステッチします。

まっすぐステッチするのが難しいときは、消えるチャコペンで線を書いてからステッチしてもいいでしょう。

P.7 🐾 きじとらさん

| 材 料 | 毛糸 [ハマナカ アメリー]：
薄茶 (49)…15g
黒 (24)…2 g
化繊綿：適量 | 用 具 | 針：
かぎ針…6/0号
とじ針 |

編み図・図案

耳 共通 P.77 (薄茶)
頭 B P.72 (薄茶)
手 C P.76 (薄茶)
ボディ B P.73 (薄茶)
しっぽ B5 P.78 (薄茶・黒)
× 図案 P.78 (黒)
足 C P.77 (薄茶)

目・鼻・口 図案 P.78 (黒)
4段
2段
しま模様 サテンステッチ (黒)
［上］
5段

P.19 🐾 ちょこさん

| 材 料 | 毛糸 [ハマナカ アメリー]：
こげ茶 (36)…14g
黒 (24)…2 g
化繊綿：適量 | 用 具 | 針：
かぎ針…6/0号
とじ針 |

編み図・図案

耳 共通 P.77 (黒)
頭 B P.72 (こげ茶)
目・鼻・口 図案 P.78 (黒)
手 C P.76 (こげ茶)
6段
ボディ B P.73 (こげ茶)
足 C P.77 (こげ茶)
しっぽ B3 P.78 (黒・こげ茶)
× 図案 P.78 (黒)
2段

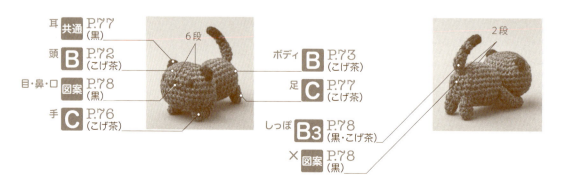

P.22 🐾 おっどさん

材料　毛糸[ハマナカ アメリー]：
黒(24)…15g
白(51)…1g
黄(31)・水色(11)・濃いグレー(30)…各少々
化繊綿：適量

用具　針：
かぎ針…6/0号
とじ針

編み図・図案

- 耳　共通　P.77 (黒)
- 目　図案　P.78 (黄)
- 鼻・口　図案　P.78 (濃いグレー)
- 目　図案　P.78 (水色)
- しっぽ　B2　P.78 (白・黒)
- ボディ　B　P.73 (黒)
- 頭　B　P.72 (黒)
- 足　C　P.77 (黒) ×図案 P.78 (濃いグレー)
- 手　C　P.76 (黒)

6段 / 2段

P.23 🐾 くりーむとらさん

材料　毛糸[ハマナカ アメリー]：
クリーム(2)…17g
薄茶(49)…2g
黒(24)…少々
化繊綿：適量

用具　針：
かぎ針…6/0号
とじ針

編み図・図案

- 耳　共通　P.77 (クリーム)
- 頭　C　P.72 (クリーム)
- 手　E　P.76 (クリーム)
- ボディ　C　P.74 (クリーム)
- しっぽ　A1　P.78 (クリーム)
- 足　D　P.77 (クリーム)

しま模様 サテンステッチ (薄茶)
6段 / 2段

目・鼻・口　図案　右図 (黒)

[上]

作り方
1. 縫いつける
2. 縫いつける
3. 刺しゅう
4. 縫いつける
5. 刺しゅう

実物大の図案

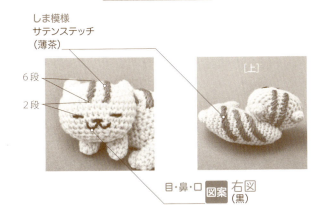

サテンステッチ
ストレートステッチ
バックステッチ

P.24 とびみけさん

材料
毛糸[ハマナカ アメリー]：
白(51)…17g
黄土(41)…3g
黒(24)…2g
化繊綿：適量

用具
針：
かぎ針…6/0号
とじ針

編み図・図案

耳 共通 P.77 (黒)
頭 C P.72 (白)
手 E P.76 (白)
耳 共通 P.77 (黄土)
ボディ C P.74 (白)
しっぽ A4 P.78 (黒・白・黄土)
足 D P.77 (白)

[上]
柄2 下図 (黒)
柄3 下図 (黄土)
柄4 下図 (黒)

8段
柄1 下図 (黄土)
目・鼻・口 図案 P.43 (黒)

作り方

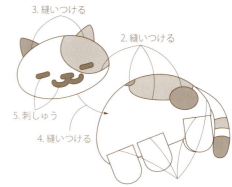

3. 縫いつける
2. 縫いつける
5. 刺しゅう
4. 縫いつける
1. 縫いつける

編み図

柄1 編みはじめ

柄2

柄2の目の増減		
2	+6目	→12目
1段め	わの中に細編み6目	

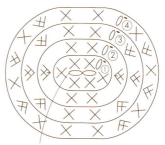

柄3 編みはじめ

柄4

柄4の目の増減		
1段め	わの中に細編み7目	

柄1の目の増減		
6	±0	→24
5	+4	→24
4	+4	→20
3	+4	→16
2	+6	→12
1段め	+4目	→6目
作り目	くさり編み2目	

柄3の目の増減		
4	+6	→22
3	+6	→16
2	+4	→10
1段め	+4目	→6目
作り目	くさり編み2目	

P.21 さばとらさん

材料　毛糸[ハマナカ アメリー]：
グレー (22)…17g
黒 (24)…2g
化繊綿：適量

用具　針：
かぎ針…6/0号
とじ針

編み図・図案

耳　共通　P.77（グレー）
頭　C　P.72（グレー）
手　E　P.76（グレー）

ボディ　C　P.74（グレー）
しっぽ　A3　P.78（グレー・黒）
足　D　P.77（グレー）

6段
2段

しま模様
サテンステッチ（黒）

目・鼻・口　図案　P.43（黒）

作り方

1. 縫いつける
2. 縫いつける
3. 刺しゅう
4. 縫いつける
5. 刺しゅう

P.15 はちわれさん

材料　毛糸[ハマナカ アメリー]：
白 (51)…8g
黒 (24)…7g
黄 (31)…少々
化繊綿：適量

用具　針：
かぎ針…6/0号
とじ針

編み図・図案

耳　共通　P.77（黒）
頭　B　P.72（黒・白）

しっぽ　A1　P.78（黒）
ボディ　D　P.75（黒・白）

目　図案　P.78（黄）
鼻・口　図案　P.78（黒）

×　図案　P.78（黒）

作り方

1. 縫いつける
2. 縫いつける
3. 刺しゅう

P.6 まんぞくさん

材料 毛糸[ハマナカ アメリー]：
白(51)…21g
オレンジ(4)・黒(24)…各少々
化繊綿：適量

用具 針：
かぎ針…6/0号
とじ針

編み図・図案

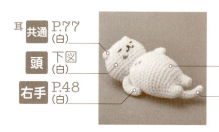

耳 共通 P.77 (白)
頭 下図 (白)
右手 P.48 (白)
ボディ P.47 (白)
しっぽ B1 P.78 (白)

[上] 左手 P.48 (白)

6段
目・鼻・口 図案 P.47 (黒)
食べかす 図案 P.47 (オレンジ)

編み図

頭

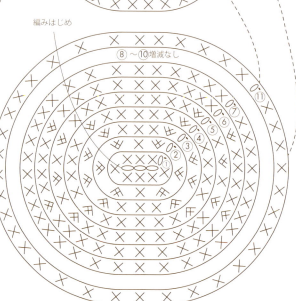

編みはじめ
⑧～⑩増減なし
★最終段はボディの最終段と合わせてとじる

作り方

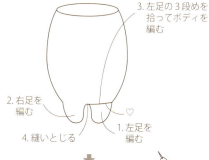

3. 左足の3段めを拾ってボディを編む
2. 右足を編む
4. 縫いとじる
1. 左足を編む

[横]

1. 縫いつける
2. 頭を起こすように、ボディと頭をつまんで縫う
3. 刺しゅう

頭の目の増減		
14	−6	→ 18
13	−4	→ 24
12	−8	→ 28
7～11	±0	→ 36
6	+4	→ 36
5	+6	→ 32
4	+4	→ 26
3	+8	→ 22
2	+6	→ 14
1段め	+5目	→ 8目
作り目	くさり編み3目	

編み図

ボディ

実物大の図案

サテンステッチ / バックステッチ / ストレートステッチ / サテンステッチ

ボディの目の増減

段	増減	目数
21	−4	→ 18
20	−6	→ 22
19	±0	→ 28
18	−4	→ 28
17	±0	→ 32
16	−4	→ 32
12〜15	±0	→ 36
11	+4	→ 36
10	±0	→ 32
9	+4	→ 32
8	±0	→ 28
7	+4	→ 28
6	+4	→ 24
5	±0	→ 20
4	+2	→ 20
3	+2	→ 8
2	±0目	→ 6目
1段め	わの中に細編み6目	

★最終段は頭の最終段と合わせてとじる

1. 編みはじめ
2. 糸を切る
3. 編みはじめ
4. ③段めを拾ってボディを編む

⑬・⑭増減なし

47

P.6 まんぞくさん

編み図

左手

右手

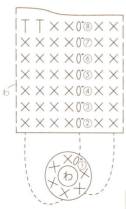

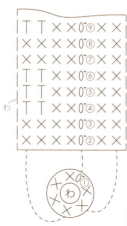

左手の目の増減		
2~8	±0目	→ 6目
1段め	わの中に細編み6目	

右手の目の増減		
2~9	±0目	→ 6目
1段め	わの中に細編み6目	

P.21 ねこまたさん

材 料	毛糸[ハマナカ アメリー]： 白(51)…18g 黄(31)・黒(24)…各少々 化繊綿：適量	用 具	針： かぎ針…6/0号 とじ針

編み図・図案

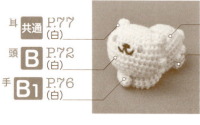

耳 共通 P.77 (白)
頭 B P.72 (白)
手 B1 P.76 (白)
ボディ B P.73 (白)
足 B P.77 (白)
× 図案 P.78 (黒)
横の毛 下図 (白)

7段

[上]

3目

しっぽ 下図 (白)

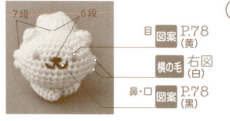

7段 6段

目 図案 P.78 (黄)
横の毛 右図 (白)
鼻・口 図案 P.78 (黒)

編み図

しっぽ

横の毛

しっぽの目の増減		
2	+2	→ 8目
1段め	わの中に細編み6目	

P.8 ぷりんすさん

材料 毛糸[ハマナカ アメリー]：
白(51)…14g　赤(5)…10g
紫(43)…4g　黄(31)…3g
レモン色(25)…2g　黒(24)…少々
化繊綿：適量

用具 針：
かぎ針…6/0号
とじ針

編み図・図案

耳 共通 P.77 (白)
王冠 P.50 (レモン色)
ボディ P.50 (白)
服 P.51 (赤・紫・レモン色)
しっぽ P.51 (白)

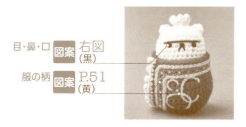

目・鼻・口 図案 右図 (黒)
服の柄 図案 P.51 (黄)

実物大の図案

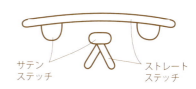

サテンステッチ　ストレートステッチ

作り方

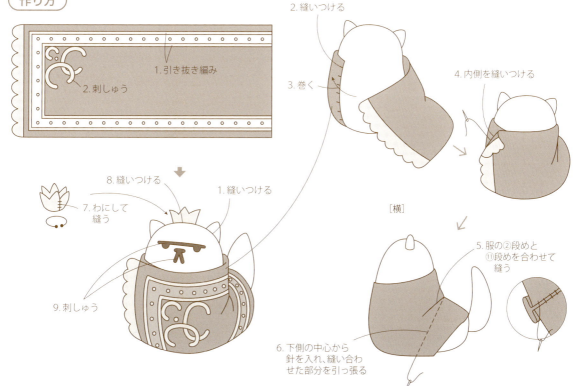

1. 引き抜き編み
2. 刺しゅう

2. 縫いつける
3. 巻く
4. 内側を縫いつける

[横]
5. 服の②段めと⑪段めを合わせて縫う
6. 下側の中心から針を入れ、縫い合わせた部分を引っ張る

7. わにして縫う
8. 縫いつける
1. 縫いつける
9. 刺しゅう

49

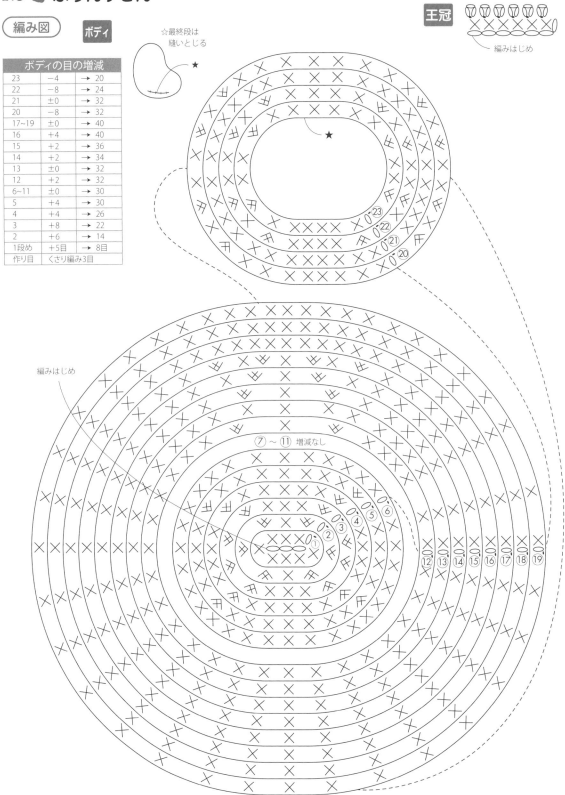

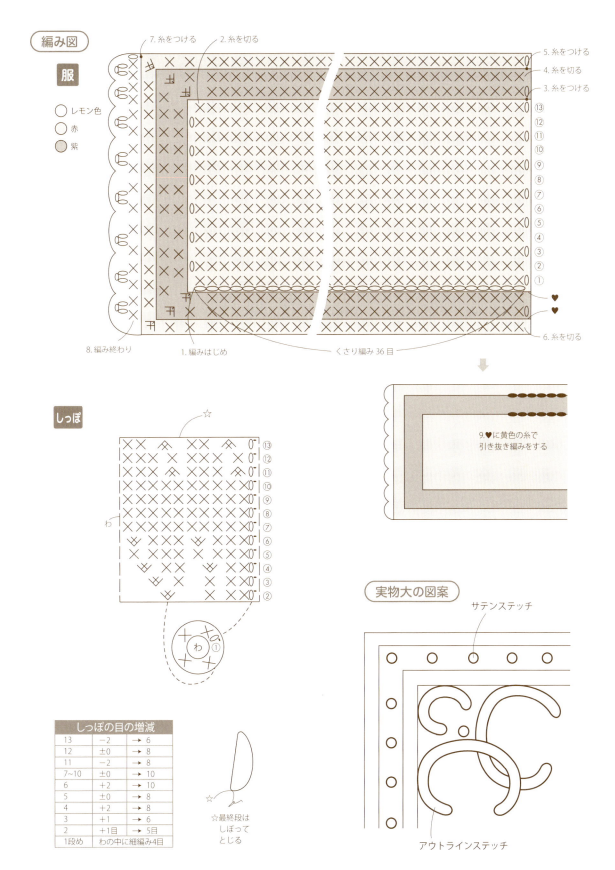

P.9 みかづきさん

材料　毛糸[ハマナカ アメリー]：
黒(24)…15g
紫(43)…6g
ピンク(7)…1g
きみどり(33)・濃いグレー(30)…各少々
化繊綿：適量

用具　針：
かぎ針…6/0号
とじ針

編み図・図案

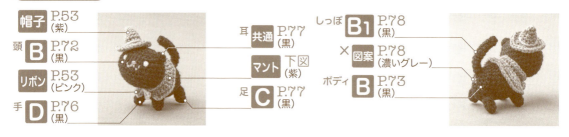

帽子 P.53 (紫)
頭 B P.72 (黒)
リボン P.53 (ピンク)
手 D P.76 (黒)
耳 共通 P.77 (黒)
マント 下図 (紫)
足 C P.77 (黒)
しっぽ B1 P.78 (黒)
× 図案 P.78 (濃いグレー)
ボディ B P.73 (黒)

7段 5段
ライン アウトラインステッチ (ピンク)
目 図案 P.78 (きみどり)
鼻・口 図案 P.78 (濃いグレー)

作り方

5. 刺しゅう
6. つまんで縫う
7. 内側を縫いつける
8. 刺しゅう
1. 縫いつける
3. 中心を別糸でしばる
4. 中心を縫いつける
2. 手前をボディに縫いつける

編み図

マント

マントの目の増減		
6	+5	17
5	-4	12
4	-4	16
3	-5	20
2	-5	25
1段め	±0目	30目
作り目	くさり編み30目	

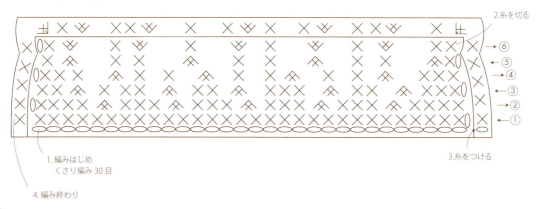

2.糸を切る
→⑥
←⑤
→④
←③
→②
←①
1. 編みはじめ くさり編み30目
4. 編み終わり
3. 糸をつける

編み図

帽子

リボン

編み終わり　編みはじめ

帽子の目の増減		
10	+6	→ 30
9	+6	→ 24
8	+6	→ 18
7	±0	→ 12
6	+2	→ 12
5	+2	→ 10
4	+2	→ 8
3	+1	→ 6
2	+1目	→ 5目
1段め	わの中に細編み4目	

P.25 ゆきねこさん

材料　毛糸[ハマナカ アメリー]：
白(51)…14g
抹茶(13)…1g
赤(5)・黒(24)…各少々
化繊綿：適量

用具　針：
かぎ針…6/0号
とじ針

編み図・図案

耳 共通 P.77 (抹茶)
頭 B P.72 (白)
鼻・口 図案 P.78 (黒)
目 図案 P.78 (赤)
ボディ E P.75 (白)

しっぽ 下図 (白)
× 図案 P.78 (黒)

作り方

1. 縫いつける
2. 刺しゅう

編み図

しっぽ

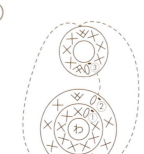

しっぽの目の増減		
3	−2	→ 8目
2	+2目	→ 10目
1段め	わの中に細編み8目	

P.12 きっどさん

材料 毛糸 [ハマナカ アメリー]：
薄茶 (49)…15g
こげ茶 (36)…6g
茶 (50)・赤 (5)…各2g
黒 (24)…少々
化繊綿：適量

用具 針：
かぎ針…6/0号
とじ針
ボンド

編み図・図案

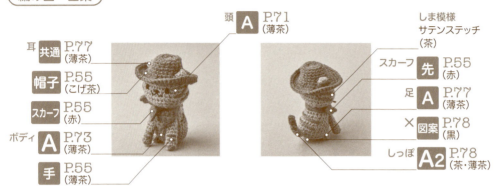

耳 共通 P.77 (薄茶)
帽子 P.55 (こげ茶)
スカーフ P.55 (赤)
ボディ A P.73 (薄茶)
手 P.55 (薄茶)
頭 A P.71 (薄茶)
しま模様 サテンステッチ (茶)
スカーフ 先 P.55 (赤)
足 A P.77 (薄茶)
× 図案 P.78 (黒)
しっぽ A2 P.78 (茶・薄茶)

目・鼻・口 図案 P.78 (黒)

しま模様 サテンステッチ (茶)

作り方

1. 縫いつける
2. 首の後ろで縫い合わせる
3. 縫いつける
4. 帽子の内側を縫いつける
5. 帽子に耳を縫いつける
6. 刺しゅう
7. ボンドをつけてさし込む

♥部分をひと結び

毛糸(黒) 結ぶ

[横] 1段 5段 3段

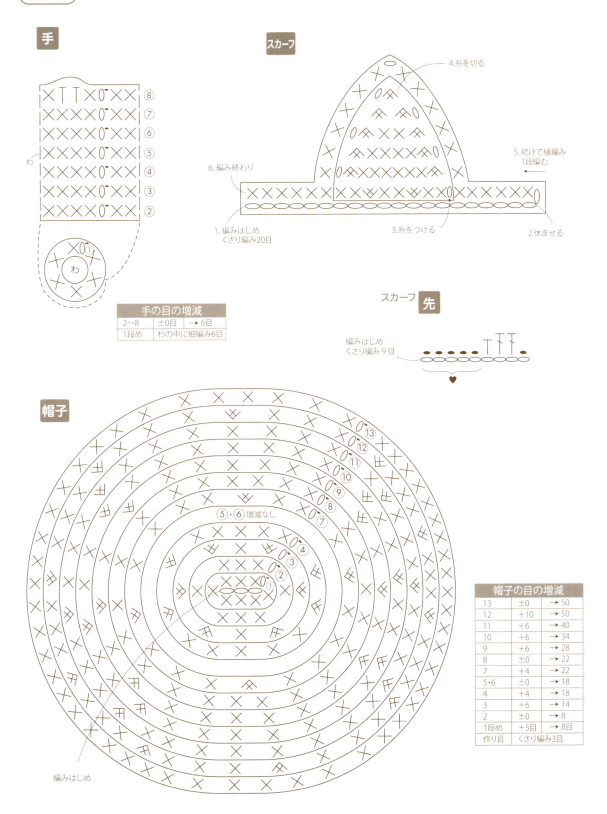

P.13 さふぁいあさん

材料 毛糸[ハマナカ アメリー]：
白(51)…25g
グレー(22)…4g
レモン色(25)…2g
オレンジ(4)…1g
ブルー(46)・黒(24)…各少々
化繊綿：適量

用具 針：
かぎ針…6/0号
とじ針

編み図・図案

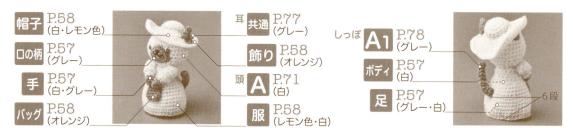

- 帽子 P.58（白・レモン色）
- 口の柄 P.57（グレー）
- 手 P.57（白・グレー）
- バッグ P.58（オレンジ）
- 耳 共通 P.77（グレー）
- 飾り P.58（オレンジ）
- 頭 A P.71（白）
- 服 P.58（レモン色・白）
- しっぽ A1 P.78（グレー）
- ボディ P.57（白）
- 足 P.57（グレー・白）
- 6段
- 1段
- 目 図案 P.78（ブルー）
- 鼻・口 図案 P.78（黒）
- 1段

作り方

足 → 足の⑤段め（♥）を拾ってボディを編む → かぶせる

⑦段めのすじ編み → フリルを編む → 綿を入れ、しぼる

1. 縫いつける
2. 縫いつける
3. 内側を縫いつける
4. 帽子に縫いつける
5. 縫いつける
6. 刺しゅう

縫いとじる

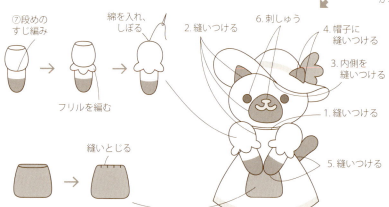

帽子の形をつけるには…

スプレー洗たくのりをスプレーし、手で形を作って自然乾燥させます。

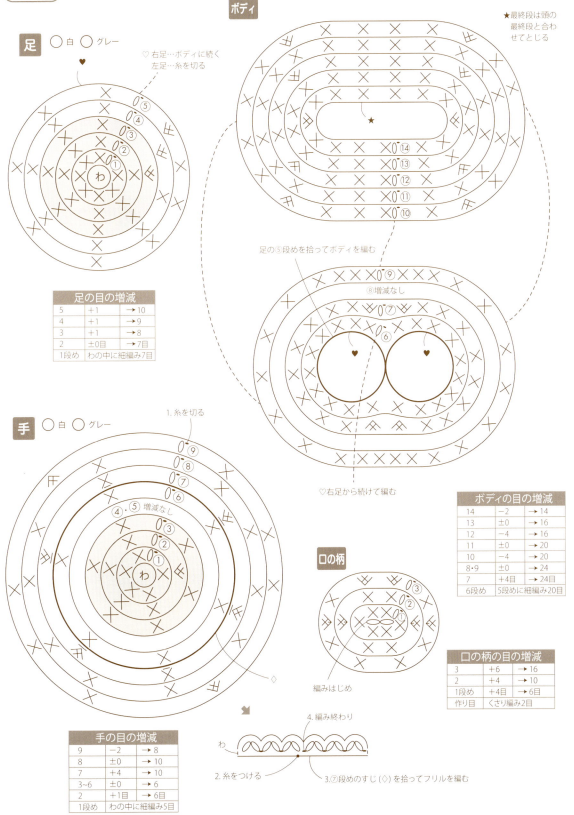

P.13 さふぁいあさん

編み図

バッグ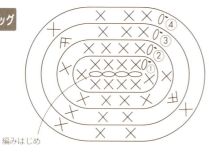

バッグの目の増減		
4	±0	→ 8
3	−2	→ 8
2	±0	→ 10
1段め	+6目	→ 10目
作り目	くさり編み4目	

帽子 ○白 ○レモン色

◆を5回くり返す

帽子の目の増減		
12	+6	→ 60
11	+6	→ 54
10	+6	→ 48
9	+6	→ 42
8	+6	→ 36
7	+6	→ 30
6	+6	→ 24
4・5	±0	→ 18
3	+6	→ 18
2	+6目	→ 12
1段め	わの中に細編み6目	

服 ○白 ○レモン色

飾り

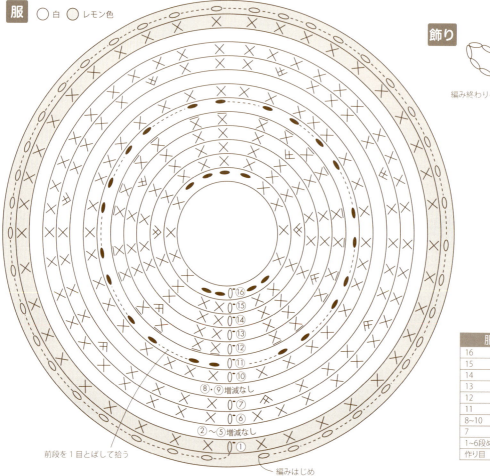

服の目の増減		
16	±0	→ 16
15	−2	→ 16
14	±0	→ 18
13	−4	→ 18
12	±0	→ 22
11	−11	→ 22
8〜10	±0	→ 33
7	−7	→ 33
1〜6段め	±0目	→ 40目
作り目	くさり編み40目	

P.13 せばすさん

(材料) 毛糸[ハマナカ アメリー]：
白(51)…11g
黒(24)…7g
こげ茶(36)…3g
黄土(41)…2g
ブルー(46)・薄いブルー(15)…各少々
化繊綿：適量

(用具) 針：
かぎ針…6/0号
とじ針

(編み図・図案)

右手 P.60 (白)
ベスト P.61 (黒)
ボディ P.60 (黒・白)
足 P.60 (こげ茶)
耳 共通 P.77 (白)
頭 A P.71 (白)
左手 P.60 (白)
アームタオル P.61 (白)

髪の毛 P.61 (こげ茶)
しっぽ P.61 (黄土・こげ茶)

目 図案 下図 (ブルー)
鼻・口 図案 下図 (黒)
ネクタイ P.61 (黒)
レンズ P.61 (薄いブルー)
フレーム 図案 下図 (黒)
ひげ 図案 下図 (こげ茶)

3段

(作り方)

足 / ボディ①段 / 重ねる / ボディ①段めと足③段め(♥)を一緒に拾って編む / 左右をまとめて③段めを編む

少し重ねる / 縫いつける

5. 縫いつける
4. 刺しゅう
6. 刺しゅう
2. 中心を別糸でしばる
少し綿を入れる
3. 縫いつける
1. 縫いつける

(実物大の図案)
サテンステッチ
バックステッチ

P.13 せばすさん

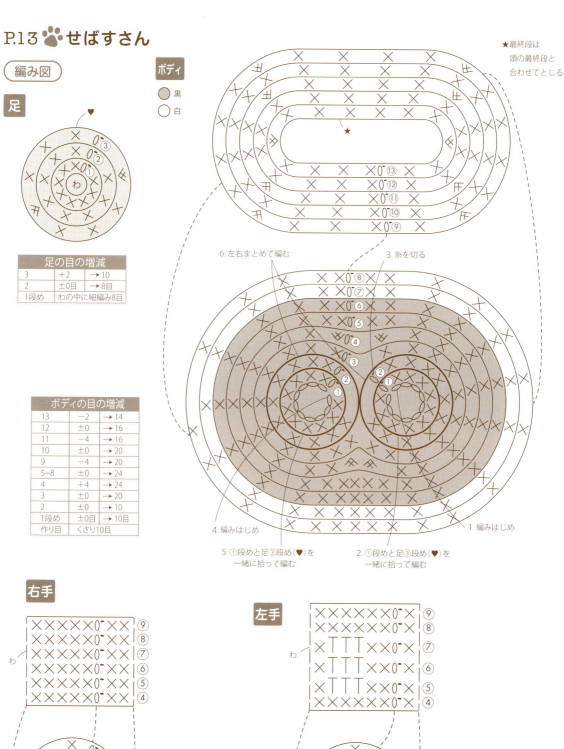

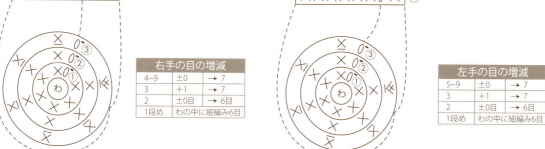

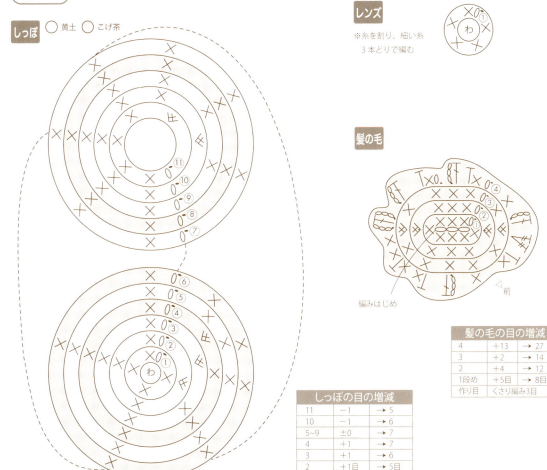
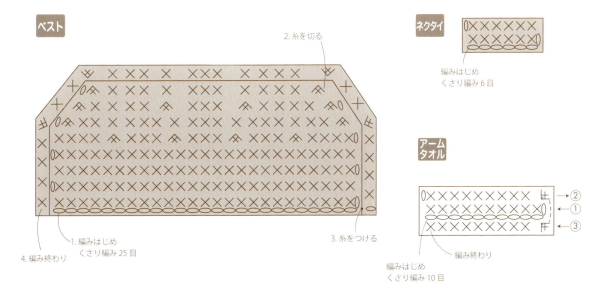

P.18 びすとろさん

材料 毛糸[ハマナカ アメリー]：
白(51)…14g
グレー(22)…8g
緑(14)…1g
赤(5)・黒(24)…各少々
化繊綿：適量

用具 針：
かぎ針…6/0号
とじ針

編み図・図案

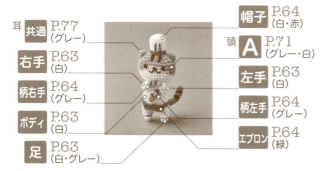

耳 共通 P.77 (グレー)
右手 P.63 (白)
柄右手 P.64 (グレー)
ボディ P.63 (白)
足 P.63 (白・グレー)
帽子 P.64 (白・赤)
頭 A P.71 (グレー・白)
左手 P.63 (白)
柄左手 P.64 (グレー)
エプロン P.64 (緑)

しま模様 サテンステッチ (黒)
6段
6段
エプロン ひも P.64 (緑)
しっぽ 下図 (グレー・黒)

5段　3段
1段
ライン ストレートステッチ (黒)
しま模様 サテンステッチ (黒)

目・鼻・口 図案 P.78 (黒)

しま模様 サテンステッチ (黒)

作り方

足
ボディ①段
重ねる

1. ボディの①段めと足④段め(♡)を一緒に拾って編む
2. 縫いとじる

2. 手の⑤段め×の下に縫いつける
柄
手
1. 綿を入れ、しぼる
3. 刺しゅう
4. 縫いつける
5. 刺しゅう
5. 縫いつける
ひも
◆部分をひと結びする

編み図

しっぽ　○ グレー　● 黒

しっぽの目の増減	
2〜11	±0 → 5目
1段め	わの中に細編み5目

62

編み図

 足 ○ グレー ○ 白

★ 最終段は頭の最終段と合わせてとじる

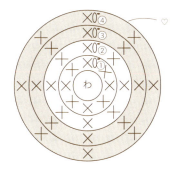

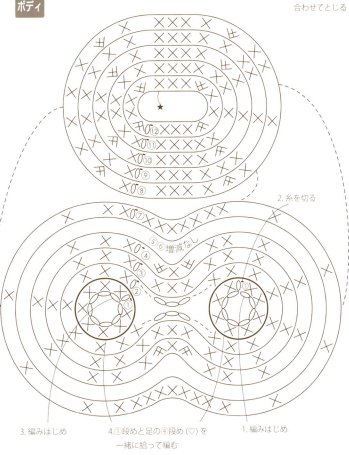

足の目の増減		
2～4	±0目	→8目
1段め	わの中に細編み8目	

ボディの目の増減		
12	−4	→14
11	±0	→18
10	−4	→18
9	±0	→22
8	−4	→22
5～7	±0	→26
4	+4	→26
3	±0	→22
2	+6	→22
1段め	±0目	→8目
作り目	くさり編み8目	

1. 編みはじめ
2. 糸を切る
3. 編みはじめ
4. ①段めと足の④段め（♡）を一緒に拾って編む

 右手

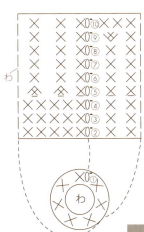

 左手

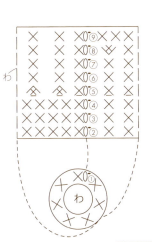

右手の目の増減		
10	±0	→6
9	+1	→6
6～8	±0	→5
5	−2	→5
2～4	±0目	→7目
1段め	わの中に細編み7目	

左手の目の増減		
9	±0	→6
8	+1	→6
6・7	±0	→5
5	−2	→5
2～4	±0目	→7目
1段め	わの中に細編み7目	

P.18 びすとろさん

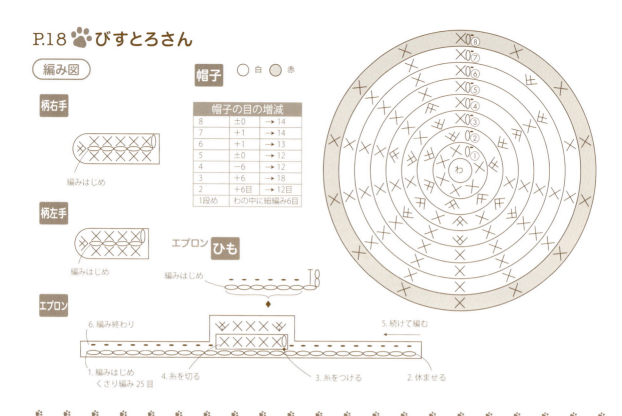

P.20 こいこいさん

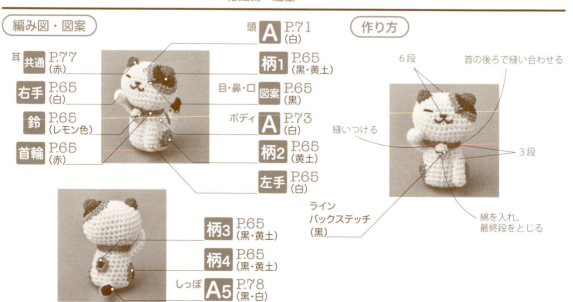

実物大の図案

編み図

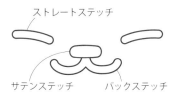

ストレートステッチ
サテンステッチ
バックステッチ

右手

左手

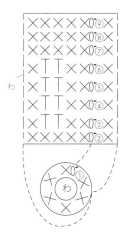

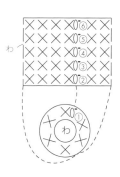

右手の目の増減		
2〜9	±0	→6目
1段め	わの中に細編み6目	

左手の目の増減		
2〜6	±0	→6目
1段め	わの中に細編み6目	

柄1

○ 黄土
● 黒

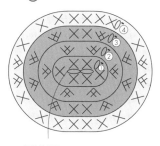

編みはじめ

柄2

柄3

柄1の目の増減		
4	+4	→24
3	+8	→20
2	+6	→12
1段め	+4目	→6目
作り目	くさり編み2目	

柄2の目の増減		
2	+5	→10目
1段め	わの中に細編み5目	

柄3の目の増減		
2	+4	→8目
1段め	わの中に細編み4目	

柄4

首輪

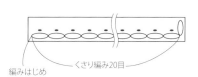

編みはじめ　くさり編み20目

鈴

柄4の目の増減		
2	+8	→16目
1段め	わの中に細編み8目	

鈴の目の増減		
2	±0	→8目
1段め	わの中に細編み8目	

P.4 🐾 お徳用かりかり
P.7 🐾 高級かりかり

材料 毛糸[ハマナカ アメリー]：
かりかり：薄茶(49)…2g
器(お徳用)：ピンク(7)…3g
器(高級)：黄(31)…3g
マット：白(51)…4g ピンク(7)…少々
化繊綿：適量

用具 針：
かぎ針…6/0号　とじ針

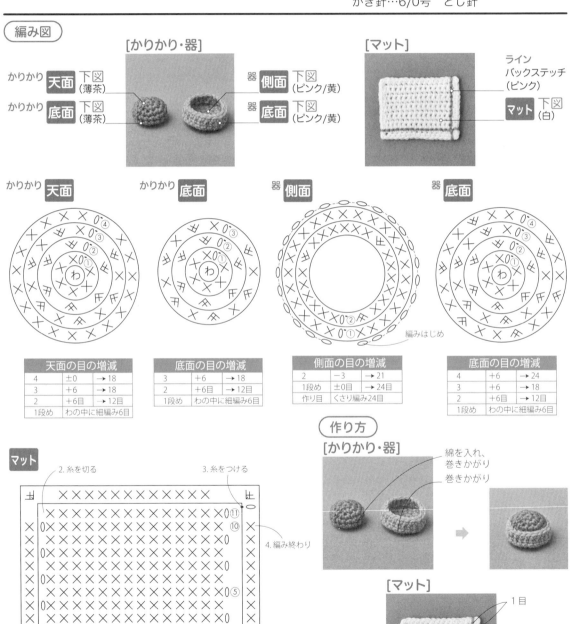

P.4 ゴムボール
P.17

材料
毛糸[ハマナカ アメリー]：
ゴムボール(赤)：濃いピンク(32)…2g
ゴムボール(黄)：レモン色(25)…2g
化繊綿：適量

用具
針：
かぎ針…6/0号
とじ針

編み図

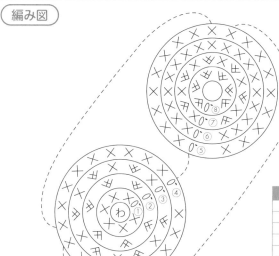

作り方

1. 綿を入れる
2. 最終段をしぼってとじる

ゴムボールの目の増減		
8	−6	→ 6
7	−6	→ 12
4~6	±0	→ 18
3	+6	→ 18
2	+6目	→ 12目
1段め	わの中に細編み6目	

P.18 ピザ

材料
毛糸[ハマナカ アメリー]：
薄茶(49)…3g
黄(31)…2g
赤(5)…1g
緑(14)…少々

用具
針：
かぎ針…6/0号
とじ針

編み図

ピザ 表面（黄・赤・薄茶）右図
サラミ 右図（赤）
バジル 右図（緑）
ピザ 裏面（薄茶）右図

ピザ 表面 ○黄 ○赤 ●薄茶
裏面 全て薄茶

ピザの目の増減		
6	+6	→ 36
5	+6	→ 30
4	+6	→ 24
3	+6	→ 18
2	+6目	→ 12目
1段め	わの中に細編み6目	

◆を5回くり返す

作り方

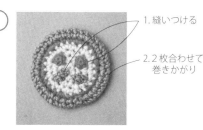

1. 縫いつける
2. 2枚合わせて巻きかがり

 サラミ

 バジル

編みはじめ

※サラミ・バジルは糸を割り、細い糸3本どりで編む

P.10 🐾 クッション
P.11
P.23
P.19 🐾 ケーキクッション

材料
毛糸[ハマナカ アメリー]：
クッション(ピンク)：ピンク(7)…10g
クッション(グリーン)：きみどり(33)…10g
クッション(イエロー)：レモン色(25)…10g
ケーキクッション：薄茶(49)…15g
　　　　　　　　クリーム(2)…6g
　　　　　　　　レモン色(25)…1g
化繊綿：適量

用具
針：
かぎ針…6/0号　とじ針

編み図

[クッション]
- 天面 下図 (ピンク/きみどり/レモン色)
- 側面 下図 (ピンク/きみどり/レモン色)
- 底面 下図 (ピンク/きみどり/レモン色)

[ケーキクッション]
- 天面 下図 (薄茶)
- 側面 下図 (クリーム)
- 底面 下図 (薄茶)
- バター 下図 (レモン色)

※下段はバターなし

上段 / 下段

天面 底面

◆を5回くり返す

天面・底面の目の増減		
8	+6	→ 48
7	+6	→ 42
6	+6	→ 36
5	+6	→ 30
4	+6	→ 24
3	+6	→ 18
2	+6目	→ 12目
1段め	わの中に細編み6目	

側面

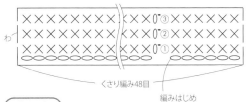

くさり編み48目　編みはじめ

バター

バターの目の増減		
2	+8目	→ 16目
1段め	わの中に細編み8目	

作り方

[クッション]

綿を入れ、巻きかがり

[ケーキクッション]

1. 縫いつける
2. 綿を入れ、巻きかがり

※下段はバターなし

P.16 きのこクッション

材料　毛糸[ハマナカ アメリー]：
赤(5)…10g
生成り(20)…5g
白(51)…1g
化繊綿：適量

用具　針：
かぎ針…6/0号
とじ針

編み図

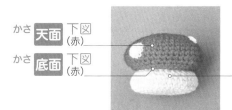

かさ 天面 下図(赤)
かさ 底面 下図(赤)
じく 下図(生成り)
柄大 下図(白)
柄小 下図(白)

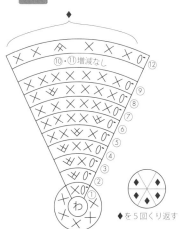

かさ 天面

◆を5回くり返す

天面の目の増減		
12	−2	→ 36
9〜11	±0	→ 42
8	+6	→ 42
7	±0	→ 36
6	+6	→ 36
5	+6	→ 30
4	+6	→ 24
3	+6	→ 18
2	+6目	→ 12目
1段め	わの中に細編み6目	

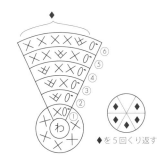

かさ 底面

◆を5回くり返す

底面の目の増減		
6	+6	→ 36
5	+6	→ 30
4	+6	→ 24
3	+6	→ 18
2	+6目	→ 12目
1段め	わの中に細編み6目	

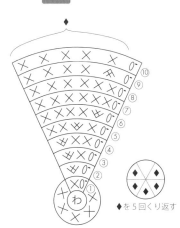

じく

◆を5回くり返す

じくの目の増減		
10	±0	→ 30
9	−6	→ 30
7・8	±0	→ 36
6	+6	→ 36
5	+6	→ 30
4	+6	→ 24
3	+6	→ 18
2	+6目	→ 12目
1段め	わの中に細編み6目	

柄大 　柄小

※糸を割り、細い糸3本どりで編む

作り方

1. 綿を入れ、巻きかがり
2. 綿を入れ、かさ(底面)の⑤段めと⑥段めの間に縫いつける
3. 縫いつける

P.21 お座布団 / ちりめん座布団
P.25 しらゆき座布団

材料 毛糸[ハマナカ アメリー]：
お座布団：紫(43)…10g
ちりめん座布団：赤(5)…10g
　　　　　　　　ピンク(7)…1g
しらゆき座布団：薄いブルー(15)…10g
　　　　　　　　白(51)…1g
化繊綿：適量

用具 針：
かぎ針…6/0号　とじ針

作り方

[お座布団]

綿を薄く入れ、2枚合わせて巻きかがり

座布団 右図 (紫)

[ちりめん座布団] [しらゆき座布団]

2.刺しゅう
1.綿を薄く入れ、2枚合わせて巻きかがり

座布団 右図 (赤/薄いブルー)

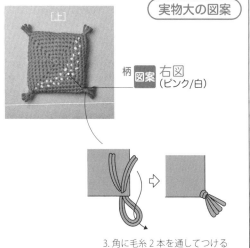

柄 図案 右図 (ピンク/白)

3.角に毛糸2本を通してつける

編み図

座布団

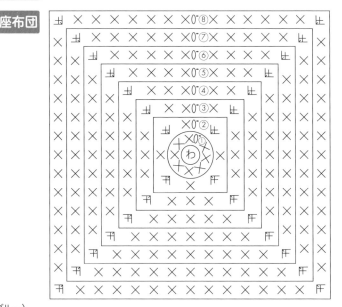

実物大の図案

糸を割り、細い糸3本どりでサテンステッチ（ピンク／白）

P.23 毛糸玉

| 材 料 | 毛糸[ハマナカ アメリー]：
ピンク(7)…適量 |

作り方

毛糸を巻く
約3.2㎝

P.24 🐾 ねこじゃらし

| 材 料 | 毛糸
[ハマナカ アメリー]：
抹茶(13)…1ｇ
地巻きワイヤー #22：6㎝ |
| 用 具 | 針：かぎ針…6/0号
　　とじ針
ボンド |

作り方

編み図

編みはじめ

ボンドをつけて
さし込む
ワイヤー

編み図 頭

頭 A ○ びすとろさん
　　　のみ色替え

★最終段はボディの
　最終段と合わせて
　とじる

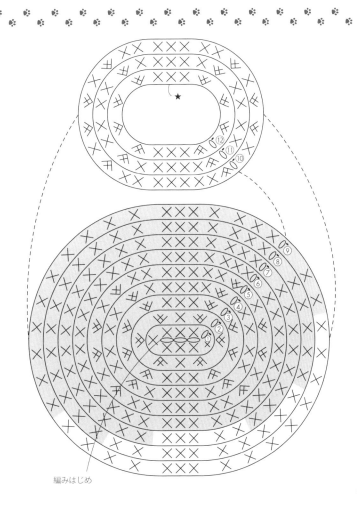

頭Aの目の増減		
12	−8	→ 14
11	−4	→ 22
10	−8	→ 26
6～9	±0	→ 34
5	+8	→ 34
4	+4	→ 26
3	+8	→ 22
2	+6	→ 14
1段め	+5目	→ 8目
作り目	くさり編み3目	

編みはじめ

編み図 頭

頭 B

● はちわれさんのみ色替え

頭Bの目の増減		
12	−6	→ 12
11	−8	→ 18
10	−8	→ 26
6〜9	±0	→ 34
5	+8	→ 34
4	+4	→ 26
3	+8	→ 22
2	+6	→ 14
1段め	+5目	→ 8目
作り目	くさり編み3目	

★最終段はしぼって とじる

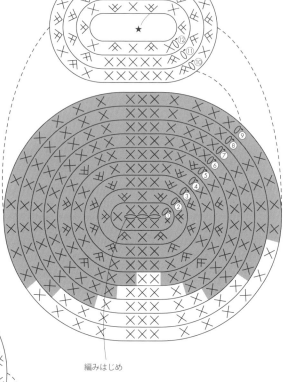

編みはじめ

頭 C

頭Cの目の増減		
13	−4	→ 10
12	−8	→ 14
11	−4	→ 22
10	−8	→ 26
6〜9	±0	→ 34
5	+8	→ 34
4	+4	→ 26
3	+8	→ 22
2	+6	→ 14
1段め	+5目	→ 8目
作り目	くさり編み3目	

★最終段は 縫いとじる

⑥〜⑧増減なし

編みはじめ

編み図 ボディ

ボディ A

★最終段は頭の最終段と
　合わせてとじる

ボディAの目の増減		
13	−4	→ 14
12	±0	→ 18
11	−2	→ 18
10	±0	→ 20
9	−2	→ 20
8	±0	→ 22
7	−2	→ 22
5・6	±0	→ 24
4	+6	→ 24
3	+6	→ 18
2	+6目	→ 12目
1段め	わの中に細編み6目	

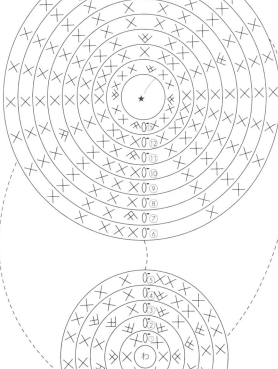

ボディ B

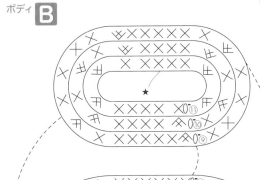

ボディBの目の増減		
11	−4	→ 14
10	−6	→ 18
9	−4	→ 24
5〜8	±0	→ 28
4	+4	→ 28
3	+6	→ 24
2	+4	→ 18
1	+8目	→ 14目
作り目	くさり編み6目	

★最終段は
　縫いとじる

編みはじめ

ボディ C

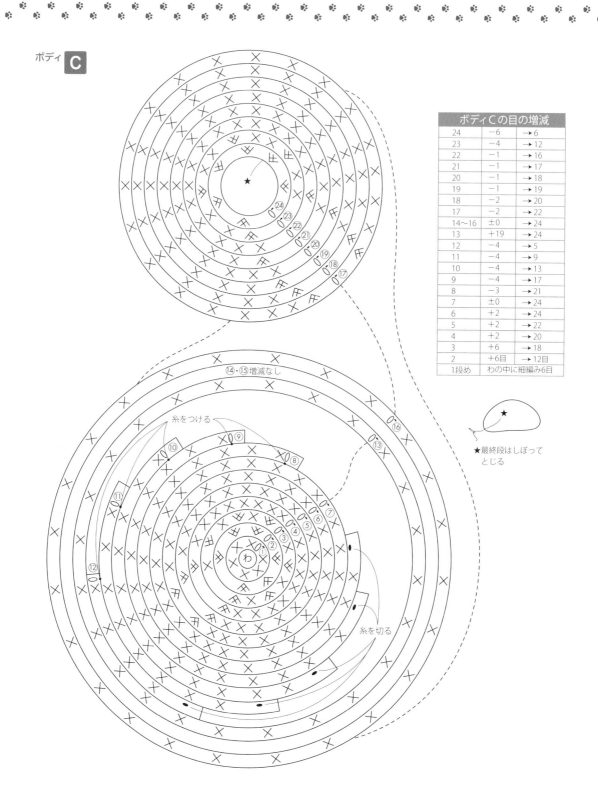

	ボディCの目の増減	
24	−6	→6
23	−4	→12
22	−1	→16
21	−1	→17
20	−1	→18
19	−1	→19
18	−2	→20
17	−2	→22
14〜16	±0	→24
13	+19	→24
12	−4	→5
11	−4	→9
10	−4	→13
9	−4	→17
8	−3	→21
7	±0	→24
6	+2	→24
5	+2	→22
4	+2	→20
3	+6	→18
2	+6目	→12目
1段め	わの中に細編み6目	

★最終段はしぼって
とじる

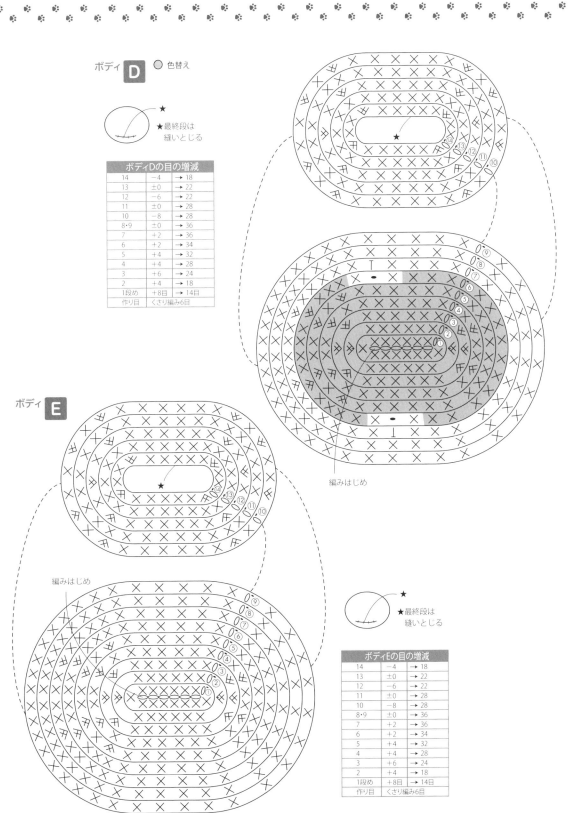

手

 手 A1   手 A2 ●色替え   手 B1   手 B2 ●色替え

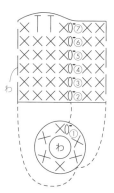
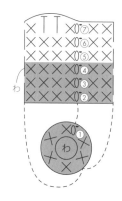
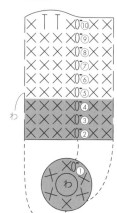

手Aの目の増減		
2〜7	±0目	→6目
1段め	わの中に細編み6目	

手Bの目の増減		
2〜10	±0目	→6目
1段め	わの中に細編み6目	

 手 C   手 D   手 E

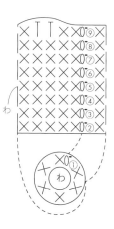
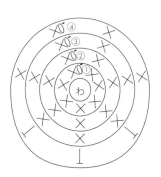
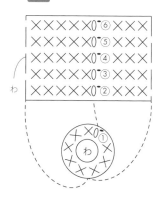

手Cの目の増減		
2〜9	±0目	→6目
1段め	わの中に細編み6目	

手Dの目の増減		
2〜4	±0目	→7目
1段め	わの中に細編み7目	

手Eの目の増減		
2〜6	±0目	→8目
1段め	わの中に細編み8目	

編み図 足

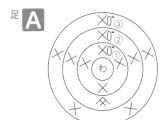

足 A

足Aの目の増減		
3	±0	→ 5
2	+1目	→ 5目
1段め	わの中に細編み4目	

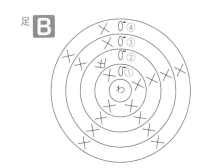

足 B

足Bの目の増減		
3・4	±0	→ 5
2	+1	→ 5目
1段め	わの中に細編み4目	

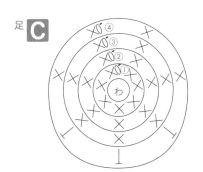

足 C

足Cの目の増減		
2〜4	±0	→ 7目
1段め	わの中に細編み7目	

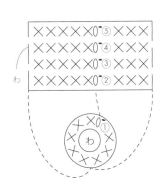

足 D

足Dの目の増減		
2〜5	±0	→ 8目
1段め	わの中に細編み8目	

編み図 耳

耳 共通

耳の目の増減		
2	+4目	→ 8目
1段め	わの中に細編み4目	

編み図 口の柄

口の柄 共通

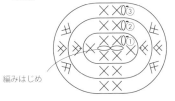

編みはじめ

口の柄の目の増減		
3	+6	→ 16
2	+4	→ 10
1段め	+4目	→ 6目
作り目	くさり編み2目	

77

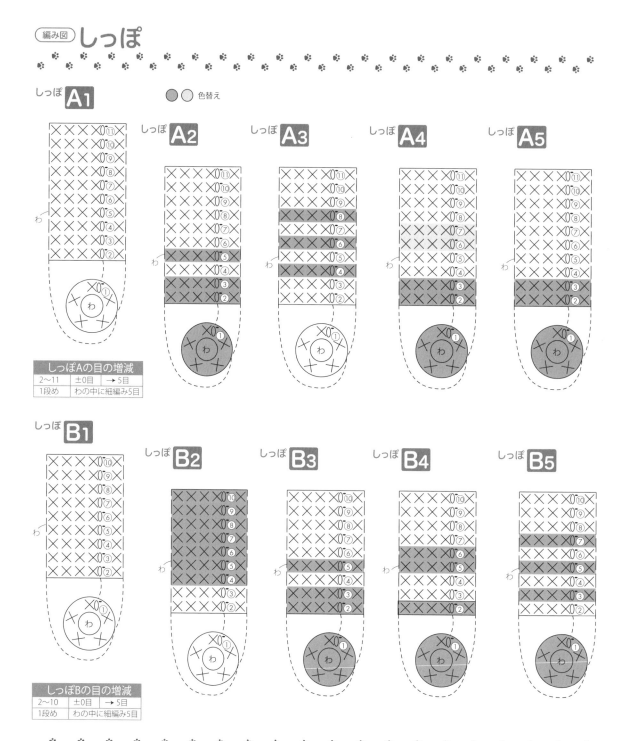

この本で使われている刺しゅう

[サテンステッチ]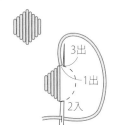

[バックステッチ]

[ストレートステッチ]

[アウトラインステッチ]

この本で使われている編み目記号

○ P.27 [くさり編み]  ①針に糸をかけます。 ②そのまま引き抜きます。くさり編みが1目編めました。	┬ [長編み] ①針に糸をかけ、前段の目に針を入れます。 ②針に糸をかけ、引き抜き、もう一度針に糸をかけます。 ③2本引き抜き、針に糸をかけます。 ④一度に引き抜き、長編み1目編めました。
× P.27 [細編み] ①矢印のように前段の目に針を入れます。 ②針に糸をかけ、引き抜き、もう一度針に糸をかけます。 ③一度に引き抜きます。細編みが1目編めました。	┬┬ [長々編み] ①針に糸を2回かけ、前段の目に針を入れます。 ②針に糸をかけ、引き抜き、針に糸をかけます。 ③2目引き抜き、針に糸をかけます。 ④もう一度2目引き抜き、針に糸をかけます。 ⑤一度に引き抜き、長々編み1目編めました。
∨ P.28 [細編み2目編み入れる] 細編みを前段の目に2目編み入れる編み方です。 ①細編みを1目編みます。 ②同じ目に細編みをもう1目編みます。 ③細編み2目編み入れるが編めました。	● P.28 [引き抜き編み] ①前段の目に針を入れます。 ②針に糸をかけ、一度に引き抜きます。 ③引き抜き編み1目が編めました。
∧ P.28 [細編み2目一度] 前段の2目から目を拾って編む編み方です。 ①次の目に針を入れ、糸をかけ、引き抜きます。 ②その次の目に針を入れ、糸をかけ、もう一度針に糸をかけます。 ③一度に引き抜き、細編み2目一度が編めました。	╳ [細編みのすじ編み] ①前段の向こう側の目を1本すくうように針を入れます。 ②針に糸をかけ、引き抜きます。 ③針に糸をかけます。 ④一度に引き抜き、細編みのすじ編み1目が編めました。
┬ P.30 [中長編み] ①針に糸をかけ、前段の目に針を入れます。 ②針に糸をかけ、引き抜きます。 ③針に糸をかけます。 ④一度に引き抜き、中長編み1目編めました。	∨ P.27 [細編み3目編み入れる] 前段の1目に細編みを3目編みます。 V [長々編み2目編み入れる] 前段の1目に長々編みを2目編みます。 ∨ [細編みのすじ編み2目編み入れる] 前段の1目の向こう側に細編みを2目編み入れます。 わ P.29 [わの作り目]　P.31 [色替えのやり方]

著者プロフィール
寺西 恵里子 てらにし えりこ

(株)サンリオに勤務し、子ども向けの商品の企画デザインを担当。退社後も"HAPPINESS FOR KIDS"をテーマに手芸、料理、工作を中心に手作りのある生活を幅広くプロデュース。その創作活動の場は、実用書、女性誌、子ども雑誌、テレビと多方面に広がり、手作りを提案する著作物は600冊を超える。

寺西恵里子の本
『魔法のレースで編み始める!かんたんベビーニットとこもの』(小社刊)
『ラブあみで作る編みもの＆ボンボンこもの』(辰巳出版)
『ニードルフェルトでねこあつめ』(デアゴスティーニ・ジャパン)
『ねこあつめのフェルトマスコット』(ブティック社)
『0・1・2歳のあそびと環境』(フレーベル館)
『365日子どもが夢中になるあそび』(祥伝社)
『3歳からのお手伝い』(河出書房新社)
『基本がいちばんよくわかる かぎ針編みのれんしゅう帳』(主婦の友社)
『気持ちを伝えるおもてなし はじめてのおにぎり＆サンドイッチ 全4巻』(汐文社)
『30分でできる! かわいいうで編み＆ゆび編み』(PHP研究所)
『チラシで作るバスケット』(NHK出版)
『かんたん手芸5 毛糸でつくろう』(小峰書店)
『おしゃれターバンとヘアバンド50』(主婦と生活社)
『身近なもので作るハンドメイドレク』(朝日新聞出版)
『作りたい 使いたい エコクラフトのかごと小物』(西東社)

監　修
株式会社 ヒットポイント　©Hit-Point

協　力
株式会社 フロンティアワークス

協賛メーカー
この本に掲載しました作品はハマナカ株式会社の製品を使用しています。
糸・副資材のお問い合わせは下記へお願いします。

ハマナカ株式会社
〒616-8585　京都市右京区花園薮ノ下町2番地の3
TEL/075(463)5151(代)　FAX/075(463)5159
ハマナカコーポレートサイト●www.hamanaka.co.jp
e-mailアドレス●info@hamanaka.co.jp
手編みと手芸の情報サイト「あむゆーず」●www.amuuse.jp

スタッフ
撮影　奥谷仁
プロセス撮影　安藤友梨子
デザイン　ネクサスデザイン
トレース　うすいとしお　YU-KI
作品制作　森留美子　斎藤沙也加　山内絵理子
作り方まとめ　千枝亜紀子　大島ちとせ
進行　鏑木香緒里

キットのご案内
この本に使われている毛糸が1作品ごとにキットでそろいます！
お問い合わせいただければ
メール、FAX、郵便にて注文書(料金表)を
送らせていただきます。

メールでのお問い合わせ・pixies-pin@p02.itscom.net
FAXでのお問い合わせ・03-3728-7661

(有)ピンクパールプランニング
ピクシーズピン
でお受けしております。

ねこあつめであみぐるみ
平成31年4月20日 初版第1刷発行

著者　寺西 恵里子
発行者　穂谷 竹俊
発行所　株式会社 日東書院本社　〒160-0022　東京都新宿区新宿2丁目15番14号 辰巳ビル
TEL 03-5360-7522(代表)　FAX 03-5360-8951(販売部)
振替　00180-0-705733　URL http://www.TG-NET.co.jp
印刷　三共グラフィック株式会社　製本　株式会社セイコーバインダリー

本書の無断複写複製(コピー)は、著作権法上での例外を除き、著作者、出版社の権利侵害となります。
乱丁・落丁はお取り替えいたします。小社販売部までご連絡ください。

© Eriko Teranishi 2019, Printed in Japan　ISBN 978-4-528-02235-5　C2077